edition taberna kritika

Die edition taberna kritika wird vom Bundesamt für Kultur (CH) mit einem Förderbeitrag für die Jahre 2021-2024 unterstützt.

Sebastian Winkler
texere [weben]

http://www.etkbooks.com/
Gestaltung: etkbooks, Bern
Coverillustration: Sebastian Winkler

Bibliografische Information der Deutschen Nationalbibliothek: Die Deutsche Nationalbibliothek verzeichnet diese Publikation in der Deutschen Nationalbibliografie; detaillierte bibliografische Daten sind im Internet über http://www.dnb.de abrufbar.

ISBN: 978-3-905846-64-5

Sebastian Winkler

texere [weben]

Mit einem Nachwort
von Christina Irrgang

edition taberna kritika

ich wollte das so nicht

ich wollte das so nicht
ich wollte das so
ich wollte das

so wollte ich das
das wollte ich
nicht

nicht ich wollte das
nicht ich wollte
nicht ich

das ich wollte
wollte das
so

so wollte das ich
so wollte ich das nicht
ich wollte das nicht so

wollte ich
wollte ich das
wollte ich das so

ich wollte das nicht
nicht so
so nicht

nicht ich
nicht ich wollte
nicht ich wollte das

ich wollte nicht das
ich wollte nicht
das nicht

ich bin dein

ich bin dein
bin dein
dein bin ich

bin ich dein
ich
dein ich

bin dein ich
dein
ich dein

dein bin ich
bin ich
ich bin dein

vorstellen

ich könnte mir vieles vorstellen
könnte ich mir vorstellen
stelle mir vieles vor
was ich vorstelle
was ich könnte

was ich mir vorstellen könnte
könnte ich vorstellen
stelle ich mir vor
vieles könnte ich
vorstellen vieles

stelle mir vor was ich könnte
vieles was ich könnte
stelle vieles mir vor
ich könnte vieles
vorstellen mir

ich stelle mir vor
ich könnte was
vorstellen was
ich was
was

es gibt kein wir

(er) es gibt kein wir
(sie) gibt es nicht
(er) nein
(sie) sagtest du nicht

(sie) es gibt ein wir
(er) sagte ich das
(sie) ja
(er) doch du sagtest

(er) es gibt kein wir
(sie) sagte ich mal
(er) ja
(sie) sagst jetzt nicht

(sie) es gibt ein wir
(er) nicht mehr
(sie) nein
(er) sagst es jetzt

(sie) es gibt kein wir
(er) gibt es nicht
(sie) nein
(er) sagtest du nicht

(er) es gibt ein wir
(sie) sagte ich das
(er) ja
(sie) doch du sagtest

(sie) es gibt kein wir
(er) sagte ich mal
(sie) ja
(er) sagst jetzt nicht

(er) es gibt ein wir

(sie) nicht mehr
(er) nein
(sie) sagst es jetzt

(er) es gibt kein wir
(sie) gibt es nicht
(er) nein
(sie) sagtest du nicht

(sie) es gibt ein wir
(er) sagte ich das
(sie) ja
(er) doch du sagtest

(er) es gibt kein wir
(sie) sagte ich mal
(er) ja
(sie) sagst jetzt nicht

(sie) es gibt ein wir
(er) nicht mehr
(sie) nein
(er) sagst es jetzt

(sie) es gibt kein wir
...

üb mich

früh
übt sich
denk ich
und üb

mich
üb ich
weil ich
will

früh will
ich
und ich
üb

ich üb
ich denk
üb früh
früh mich

will ich
sein ich
sein
ich mich

mich üb
mich ich
ich denk
früh üb

will sein
früh sein
üb mich
üb sein

kläffen

hungrige
hunde
kläffen

streunende
streuner
kläffen

tollwütige
tölen
kläffen

reudige
rüden
kläffen

kläffende
köter
auch

ich träume von dir

ich träume von dir
träume von dir
träume

träume ich von
ich träume von
von dir

von dir träume ich
träume ich
ich

träume ich von dir
von dir ich
ich dir

von träume ich
dir träume ich
dir ich

ich träume
träume von
dir

träume dir
ich träume dir
ich von dir

es gibt kein zurück

es gibt kein zurück
gibt es kein zurück
es gibt

zurück gibt es
gibt zurück
gibt

kein zurück gibt es
kein
es gibt kein

gibt es zurück
zurück
es zurück

gibt zurück
zurück gibt
gibt es

gibt kein
kein es
kein zurück

zurück gibt es kein
gibt kein es
gibt kein zurück

bei dir

ich war
bei dir
in der ferne

und
bei dir
hier mit mir

ich bin
bei dir
wie ich es war

als ich noch
bei dir
war

und mir

man darf

man darf gerne etwas nehmen
gerne etwas mitnehmen
man darf etwas mitnehmen
darf sich etwas nehmen

darf sich etwas mitnehmen
man darf nehmen
sich etwas nehmen
gerne etwas nehmen

etwas darf man nehmen
gerne darf man etwas
mitnehmen darf man etwas
etwas sich nehmen

sich darf man gerne etwas
sich gerne mitnehmen
mitnehmen sich darf man
darf nehmen gerne

nimm gerne etwas mit
nimm etwas mit
nimm etwas
nimm mit

nimm schon
danke

zuletzt

zuletzt wir
zuletzt hier
wir hier

wir zuletzt
hier zuletzt
hier wir

jetzt hier
kein wir
kein hier

hier jetzt
zuletzt jetzt
jetzt zuletzt

schillerpark

die verliebten paare
spielend
im schillerpark

sehe ich
ich gehe
spiele ich
ich nicht

nicht ich
spiele nicht
gehe ich
ich sehe

im schillerpark
spielend
die verliebten paare

der herr ist mit uns

der herr ist mit uns
ist mit uns
der herr ist

der ist mit uns
herr mit uns
ist herr mit uns

ist mit uns der herr
der mit uns
der herr mit uns

herr ist der uns
der ist uns
ist uns herr

ist der herr mit uns
ist der mit
der herr mit

der ist
ist mit
mit uns

uns ist der herr
mit uns herr
mit uns ist der herr

so weit

sie sagen
so weit ist es schon
es

sie sagen es
schon so weit ist es
es ist

sagen sie es
ist es schon so weit
so ist es

sagen es
so weit schon ist es
so

sie
schon ist es so weit
ist so

sagen sie
es ist schon so weit
ist es so

ehren

ich werde dich ehren
werde ich
ich dich

ich ehren
werde dich ehren
werde ich dich ehren

dich werde ich ehren
ehren werde ich
dich ehren

werde ich ehren
ehren ich
ehren dich

ich werde ehren
werde ehren
ich werde

gehört

so
wie so
so gehört es

gehört wie
sich
wie sich

gehört sich wie
gehört sich so
wie so sich

gehört sich
sich gehört es
es gehört sich

es gehört sich wie
so gehört es sich
wie gehört es

es gehört
wie es gehört
so es gehört

so wie es sich
gehört es sich
es sich so

gehört
wie es sich gehört
es gehört so

mit mir

wohin nur mit mir
mit mir nur
wohin

nur mit mir
mit nur
nur mir

mit mir wohin
wohin mit
wohin mir

wohin mit mir nur
mit wohin
nur wohin

nur mit wohin
nur mit
mit

wohin mit mir
wohin nur
mir nur

mir
mit mir
nur mit mir wohin

nicht mich

alles was du brauchst
so sollst du es haben
nicht mich (leidend jetzt)
brauchst du nicht
sollst du nicht
haben sollst du
alles was du brauchst
das sollst du (leidend jetzt)

wider

ein spruch
wieder
einspruch
wider
dein spruch
wie der
einspruch
wider
mein spruch

sehen

sie sehen es
sehen es
sie es

ehe sie sehen
sehen sie es
sie sehen

sie sehen es ehe
sie sehen es eh
sehen sie

es sehen sie
ehe sie es sehen
sehen es kommen

ehe sie kommen
ehe sie es kommen sehen
sehen sie es kommen

ehe sie es eh kommen sehen
sehen sie es eh kommen
sehen es ehe sie kommen

kommen sie
sie sehen es kommen
ehe sie es eh sehen

es sehen sie kommen
sehen sie kommen
sie kommen

ich erinnere mich nicht

ich erinnere mich nicht
erinnere nicht
ich nicht

erinnere ich mich
erinnere ich
mich ich

ich erinnere nicht mich
erinnere ich nicht
mich

ich erinnere
erinnere mich
ich mich

erinnere ich mich nicht
nicht ich mich
mich nicht

nicht ich erinnere mich
erinnere mich nicht
nicht mich

mich erinnere ich nicht
erinnere nicht mich
nicht ich

nicht ich erinnere
nicht mich erinnere
ich

der ausbrecher

der ausbrecher
aus bricht er
bricht aus
aus
nur aus

bricht raus
raus bricht er
er bricht
raus
nur raus

erbricht
und bricht aus
und spricht
aus aus
nur raus raus

aus und raus
nur er bricht
erbricht und spricht
aus aus raus raus
nur aus aus raus raus

aus aus
spricht und bricht
raus raus
bricht und spricht
nur er

freuen

ich kann mich freuen
immer
freuen kann ich mich
für dich

kann ich mich freuen
immer freuen
freuen ich mich
für dich

mich kann ich freuen
immer freuen ich
freuen mich
für dich

freuen mich kann ich
immer freuen ich mich
freuen
für dich

am meer waren wir nie

am meer waren wir nie
wir waren
am meer nie

nie waren wir
waren nie
am meer

waren wir
waren am meer
meer nie

nie wir
am meer wir
wir waren am meer nie

nie am meer
wir nie
nie

wir am meer
am
nie am

meer
wir
nie waren wir am meer

es ist würdig und recht

es ist würdig und recht
ist es würdig und recht
es ist

es ist recht
ist es
recht ist es

und würdig ist es
es ist würdig
recht würdig

ist es würdig
würdig und recht
ist recht

ist es recht
recht und würdig
ist würdig und recht

ist würdig recht
es ist recht würdig
und recht ist es

und es ist
und es ist würdig
und es ist recht

darf man das

ich frage mich ob man das darf
das frage ich mich
ich mich

frage
frage mich
darf man das

das darf man
man darf
darf das

darf ich das
frage ich
darf ich

man darf das
man
darf

ich
das frage ich
ob ich darf

frage ich mich
ob ich das darf
ich frage

vermisst

ich habe dich vermisst
habe ich
vermisst

dich habe ich vermisst
dich
ich

dich habe ich
ich dich
habe

vermisst habe ich
habe vermisst
ich habe

vermisst dich
vermisst ich
habe ich dich vermisst

ich habe vermisst
dich vermisst
dich vermisst ich

ich vermisst
dich vermisst
dich vermisst habe ich

licht an, licht aus

im winter ein zu lautes fest
du bist da, sehr kühl
licht aus

wir schreiben uns im frühling
klangkonzert und deine hand
licht an

nicht routiniert in dieser nacht
sehnsucht auf anfang
licht aus

im roten haus an der kreuzung
tage, nächte und der zirkus
licht an

sehnsucht am lausigen platz
an den seen im sommer
licht an

sehnsucht, noch tage und wochen
du routiniert in der nacht
licht aus

toi toi toi

tritt
ohnmächtig in das
irrlicht

traumhaft
oszilliert die
illumination

täuschend
operiert das
inner-ich

textilverstärkt
obsiegt die
illusion

treibend
obsessiv und
inbrünstig

tollkühn
offensiv die
interpretation

tragisch
offenbart die
inszenierung

tiefgang
offiziell als
intention

trotzdem
ohnegleichen ist die
inspiration

ist das was

ist das was und wenn was
wenn das ist
was ist das

wenn das was ist
und wenn das ist
was ist das

ist das was
ist das was wenn das ist
was ist das

wenn das ist und was ist
ist das was wenn das ist
was ist das

das was ist wenn das ist
das ist was
was ist das

ist das was und was
und wenn was
was ist das

wenn
und wenn was
was ist das

los

ich lasse dich los
lasse dich
dich lasse ich
los lasse ich dich

lasse ich dich los
ich dich
dich los
los ich dich

dich lasse ich los
lasse los
ich lasse los
los dich

ich lasse lasse lasse
lasse lasse lasse
lasse lasse
lasse

dich los los los
los los los
los los
los

was und

und dann
was dann
du sagst
dann

dann sagst
sagst was
sagst dann
und

was sagst
du dann
du was
du

und was
sagst du
dann du
sagst

sagst und
was und
und du
was

der wilde wallisische wallach

der wilde wallisische wallach
wandt und fand sich
in den fängen

gewandt gefangen
fand und wandt sich
der wilde wallisische wallach

da wandt gewandt sich
der wilde wallisische wallach
aus den fängen

der wilde wallisische wallach
fand sich wild
und wandt sich

vorkommen

wie soll mir das vorkommen
frage ich einen
frage ich mich

wie soll das einem vorkommen
einem wie mir
frage ich

soll das vorkommen
soll das einem vorkommen
einem wie mir vorkommen

frage das
frage einen
frage mich

wie soll das vorkommen
wie einem vorkommen
wie mir vorkommen

das soll
soll einem vorkommen
soll einem wie mir vorkommen

dünnes eis

ganz dünnes eis
sagte ich
und bewegte mich

auf ganz dünnem eis
dachte ich
bewege mich

das ganz dünne eis
spürte ich
bewegte sich

und brach ein

vergessen

du wirst mich vergessen
wirst du vergessen
wirst du mich vergessen

du wirst
wirst vergessen
wirst mich vergessen

wirst du
vergessen mich
vergessen du

du wirst vergessen mich
du vergessen
mich vergessen

mich wirst du
wirst vergessen mich
mich du

wirst vergessen du
du wirst vergessen
vergessen

mich wirst
vergessen wirst
du mich

jenseits

das jenseits
ist jenseits
des kanals

im jenseits
dem jenseits
im tunnel

geblendet
liebend
wir

im jenseits
dem jenseits
im tunnel

geblendet wir
liebend wir
waren wir

im jenseits
dem jenseits
im tunnel

das jenseits
war jenseits
des kanals

waren

wir waren in waren
waren wir
wir waren

waren in in waren
wir waren in
wir

in waren waren wir
waren wir in
in waren

wir waren in in waren
waren in
waren

warten

er
wartet
abwartend
wartend auf
sie

ihn
wartend
erwartend
abwartend wartend
sie

ihre
ankunft
erwartet ihn
ankunftabwartend wartet
sie

ihr
erwarten
erwartet er
ankunfterwartend wartet
er

seine
aufwartung
erwartet sie
aufwartungabwartend wartet
er

ihr
abwartendes
aufwartungerwarten
wartet auf
ihn

ihr
ankunftabwarten
aufwartungerwartend warten
erwartet wartend
er

wichtig

du
bist
mir wichtig
war
dir wichtig

ich
war
dir wichtig
war
mir wichtig

es
war
mir wichtig
ist
dir wichtig

nachsehen

ich durfte dir
nachsehen
nahe sein

vom balkon an der kreuzung
nachsehen
und vom haus über dem meer

nachts zwei schatten
nachsehen
in deinem fenster

nachsehen

notiz vom sechsten mai

gestern
haydnplatz

himmelfahrt
hochheilig

heimwärts
hastig

hundert
heiden

heldenhaft
grüßgott

ein räudiger rüde streunt

ein räudiger rüde streunt
ein rüdiger streuner räudet
ein streuniger räude rüdet

ein räudiger rüde streunt
ein streuniger räude rüdet
ein rüdiger streuner räudet

ein rüdiger streuner räudet
ein räudiger rüde streunt
ein streuniger räude rüdet

ein rüdiger streuner räudet
ein streuniger räude rüdet
ein räudiger rüde streunt

ein streuniger räude rüdet
ein räudiger rüde streunt
ein rüdiger streuner räudet

ein streuniger räude rüdet
ein rüdiger streuner räudet
ein räudiger rüde streunt

zu laut und zu bunt

das ist mir zu laut
und zu bunt ist es mir
das wurde mir erst
zu laut und zu bunt

war es nicht immer
mir nicht immer
mir wurde es dazu
zu laut und bunt

aber malen kann er
ja das kann er
konnte er schon immer
ja schon immer

nur nicht so laut
und so bunt
zu laut und zu bunt
ist es mir

was es war

es war was es war
und es war nichts
außerdem ist es lange her
so lange
dass ich heute zu dem was war
nur sagen kann
dass das was war
nichts war
zumindest in der erinnerung
die das was war
nur noch lückenhaft bereit hält
war es nichts
das vergessen hatte seinen einfluß
auf das was war
und so bleibt nichts
von dem was es war
denn das was es war ist
in der vom vergessen gereinigten erinnerung
nichts

allerheiligen

in allerheiligen
an allerheiligen
heilige ich
aller heiligen
namen

verweile
vor heiligen
allen heiligen
im allerheiligsten
in allerheiligen

weile
und eile
vom heiligen
zur heiligen
in allerheiligen

in allerheiligen
an allerheiligen
von heilig
zu heilig
eil ich

heilig heilig heilig heilig heilig heilig heilig heilig
heilig heilig heilig heilig heilig heilig heilig heilig
heilig heilig heilig heilig heilig heilig heilig heilig
heilig heilig heilig heilig heilig heilig heilig heilig
heilig heilig heilig heilig heilig heilig heilig heilig
heilig heilig heilig heilig heilig heilig heilig heilig
heilig heilig heilig heilig heilig heilig heilig heilig
heilig heilig heilig heilig heilig heilig heilig heilig
heilig heilig heilig heilig heilig heilig heilig heilig
heilig heilig heilig heilig heilig heilig heilig heilig
heilig heilig heilig heilig heilig heilig heilig heilig
heilig heilig heilig heilig heilig heilig heilig heilig

heilig heilig heilig heilig heilig heilig heilig heilig
heilig heilig heilig heilig heilig heilig heilig heilig
heilig heilig heilig heilig heilig heilig heilig heilig
heilig heilig heilig heilig heilig heilig heilig heilig
heilig heilig heilig heilig heilig heilig heilig heilig
heilig heilig heilig heilig heilig heilig heilig heilig
heilig heilig heilig heilig heilig heilig heilig heilig
heilig heilig heilig heilig heilig heilig heilig heilig
heilig heilig heilig heilig heilig heilig heilig heilig
heilig heilig heilig heilig heilig heilig heilig heilig
heilig heilig heilig heilig heilig heilig heilig heilig
heilig heilig heilig heilig heilig heilig heilig heilig
heilig heilig heilig heilig heilig heilig heilig heilig
heilig heilig heilig heilig heilig heilig heilig heilig
heilig heilig heilig heilig heilig heilig heilig heilig
heilig heilig heilig heilig heilig heilig heilig heilig
heilig heilig heilig heilig heilig heilig heilig heilig
heilig heilig heilig heilig heilig heilig heilig heilig
heilig heilig heilig heilig heilig heilig heilig heilig
heilig heilig heilig heilig heilig heilig heilig heilig
heilig heilig heilig heilig heilig heilig heilig heilig
heilig heilig heilig heilig heilig heilig heilig heilig
heilig heilig heilig heilig heilig heilig heilig heilig
heilig heilig heilig heilig heilig heilig heilig heilig
heilig heilig heilig heilig heilig heilig heilig heilig
heilig heilig heilig heilig heilig heilig heilig heilig
heilig heilig heilig heilig heilig heilig heilig heilig
heilig heilig heilig heilig heilig heilig heilig heilig
heilig heilig heilig heilig heilig heilig heilig heilig
heilig heilig heilig heilig heilig heilig heilig heilig
heilig ... ...

die wiederholung des wortes *heilig,* als zweiter teil der arbeit *allerheiligen,* richtet sich nach der offiziellen anzahl der heiligen und seligen der römisch-katholischen kirche, die im martyrologium romanum verzeichnet sind. demnach müsste das wort 'heilig' 6650 mal gedruckt werden und würde den rahmen dieser publikation sprengen.

stimmt

stimmt es
bestimmt stimmt es
es stimmt

sie stimmen mir zu
bestimmt zu
dass es bestimmt stimmt

bestimmt stimmt
was bestimmt stimmt
stimme zu

wer bestimmt dass es stimmt
stimmt ihnen zu
stimmt bestimmt

stimmen sie mir zu
stimmen sie bestimmt zu
bestimmen sie es

stimme ihnen zu
stimme ihnen bestimmt zu
es stimmt bestimmt

zu bestimmen dass es bestimmt stimmt
bestimmen bestimmt sie
das stimmt

dass es stimmt stimmt bestimmt
das bestimmt bestimmt wer
da stimmen wir zu

bestimmt wer dass das stimmt
das stimmt bestimmt
bestimmen wir es

wer bestimmt dass das bestimmt stimmt
bestimmt
stimmt

laub

laub
lauter laub
lauter
traubenlaub

laut
erlaubt laut
saugt der
laubsauger

der
traubenlaubsauger
saugt laut
lauter traubenlaub
auf

wollen

(er) und
(sie) was und
(er) was wollen sie
(sie) ich
(er) sie was
(sie) was ich will
(er) was sie wollen
(sie) was wollen sie von mir
(er) was ich will von ihnen
(sie) sie wollen was
(er) will ich was
(sie) sie wollen
(er) ich will
(sie) und
(er) was und
(sie) was wollen sie
(er) ich
(sie) sie was
(er) was ich will
(sie) was sie wollen
(er) was wollen sie von mir
(sie) was ich will von ihnen
(er) sie wollen was
(sie) will ich was
(er) sie wollen
(sie) ich will
(er) und
(er) was und
(sie) was wollen sie
...

ahnt

er ahnt es
ahnt er
er es

ahnt es
ahnt das
ahnt was

was er ahnt
das bahnt
bahnt an

es bahnt
bahnt sich
es bahnt was

ansich
bahnt es sich
bahnt an sich

bahnt das
es an sich
bahnt das sich

bahnt sich an
er ahnt das
sich anbanht es

was bahnt
was er ahnt
ansich ahnt

ansich ahnt er es
was sich anbahnt
ahnt das es bahnt

es bahnt an
sich an
was an

es bahnt was an sich
ahnt er ansich
es sich

es bahnt sich was
er ahnt sich was
und warnt sich

leid

es tut mir leid
leid tut es mir
leid

es tut mir
leid tut es
es mir

tut es mir leid
mir
tut es leid

es tut
tut leid
tut es

mir tut es leid
es tut leid
tut

leid tut
leid tut mir
es

möchtest du

möchtest du
möchtest du vielleicht
möchtest vielleicht mit
mir

möchtest nicht
möchtest vielleicht
möchtest vielleicht nicht
meine

möchtest ihn
möchtest vielleicht ihn
möchtest vielleicht anstatt
meiner

möchtest seine
möchtest vielleicht seine
möchtest vielleicht mit
ihm

möchtest aber
möchtest vielleicht aber
möchtest vielleicht anstatt
seiner

möchtest mit mir
möchtest nicht vielleicht
möchtest anstatt seiner
mich

verlassen

du wirst mich verlassen
du wirst
wirst verlassen

verlassen wirst du mich
wirst du
du mich verlassen

wirst du mich verlassen
wirst mich
mich verlassen

mich verlassen wirst du
du mich
verlassen mich

du wirst verlassen
verlassen du
verlassen wirst du

wirst mich verlassen
wirst du verlassen
mich wirst du verlassen

alles

alles
alles muss
muss alles

muss
muss raus
raus muss

raus
raus alles
alles raus

du bei mir

du bist bei mir
du bist mir
du

du bei mir
bist
bist bei mir

bist du bei mir
du bist
mir du

bist du mir
bei mir
bei mir du

bist bei mir du
bist mir du
mir

du mir
bist du
bei mir bist du

schnaps

sagte er
sagte es
sagte das

zuletzt das
war es
was er sagte

war das
was er zuletzt
sagte

es war
sagte er zuletzt
das letzte

das letzte er
war er
zuletzt er

sagte er es
er sagte es
zuletzt

das war
war sein
sein letztes

in dir / in mir

ich werde mich finden
in mir
du wirst mich finden
in dir

ich werde mich finden
in dir
du wirst dich finden
in mir

ich werde mich verlieren
in dir
du wirst dich finden
in dir

ich werde dich finden
in mir
du wirst dich verlieren
in mir

ich werde dich verlieren
in mir
du wirst dich verlieren
in dir

ich werde mich verlieren
in mir
du wirst mich verlieren
in dir

liebelei~~nerlei~~

-

~~liebel~~einerlei

liebe

ich liebe
liebe ich
liebe dich
dich liebe ich

er liebt
liebt er
liebt dich
dich liebt er

du liebst
liebst du
liebst ihn
ihn liebst du

du liebst
liebst nicht
liebst mich
nicht

konstellationen

ich und du
du und er
er und ich

sie und er
er und du
du und sie

sie und ich
ich und er
er und sie

ich und sie
sie und du
du und ich

vielleicht

vielleicht
sagst du
du denkst
an mich

an dich
denkst du
sage ich
vielleicht

vielleicht
sage ich
ich denke
an dich

an mich
denke ich
sagst du
vielleicht

vielleicht
sagen du
und ich
nichts

nichts
denken ich
und du
vielleicht

zuhause

mein zuhause ist
dein zuhause ist
ein zuhause ist
zuhause

dein zuhause war
mein zuhause ist
ein zuhause ist
zuhause

dein zuhause ist
sein zuhause war
mein zuhause war
zuhause

mein zuhause war
dein zuhause war
ein zuhause war
zuhause

dein zuhause ist
sein zuhause ist
ein zuhause ist
zuhause

strandtag

wellen nähern sich
unaufhörlich
treffen auf den strand
feinkieselig
rrrRRRSchSchSchSchschschschsch
und wieder
rrrRRRSchSchSchSchschschschsch
immer wieder
rrrRRRSchSchSchSchschschschsch
siebenhundertdreißigmal
rrrRRRSchSchSchSchschschschsch

flanieren (wilhelmshöhe)

KrSch Grsch KrSch Grsch KrSch Grsch KrSch Grsch KrSch
Grsch KrSch Grsch KrSch Grsch KrSch Grsch KrSch Grsch
KrSch Grsch KrSch Grsch KrSch Grsch KrSch Grsch KrSch
Grsch KrSch Grsch KrSch Grsch KrSch Grsch KrSch Grsch
KrSch Grsch KrSch Grsch KrSch Grsch KrSch Grsch KrSch
Grsch KrSch Grsch KrSch Grsch KrSch Grsch KrSch Grsch
KrSch Grsch KrSch Grsch KrSch Grsch KrSch Grsch KrSch
Grsch KrSch Grsch KrSch Grsch KrSch Grsch KrSch Grsch
KrSch Grsch KrSch Grsch KrSch Grsch KrSch Grsch KrSch
Grsch KrSch Grsch KrSch Grsch KrSch Grsch KrSch Grsch
KrSch Grsch KrSch Grsch KrSch Grsch KrSch Grsch KrSch
Grsch KrSch Grsch KrSch Grsch KrSch Grsch KrSch Grsch
KrSch Grsch KrSch Grsch KrSch Grsch KrSch Grsch KrSch
Grsch KrSch Grsch KrSch Grsch KrSch Grsch KrSch Grsch
KrSch Grsch KrSch Grsch KrSch Grsch KrSch Grsch KrSch
Grsch KrSch Grsch KrSch Grsch KrSch Grsch KrSch Grsch
KrSch Grsch KrSch Grsch KrSch Grsch KrSch Grsch KrSch
Grsch KrSch Grsch KrSch Grsch KrSch Grsch KrSch Grsch
KrSch Grsch KrSch Grsch KrSch Grsch KrSch Grsch KrSch
Grsch KrSch Grsch KrSch Grsch KrSch Grsch KrSch Grsch
KrSch Grsch KrSch Grsch KrSch Grsch KrSch Grsch KrSch
Grsch KrSch Grsch KrSch Grsch KrSch Grsch KrSch Grsch
KrSch Grsch KrSch Grsch KrSch Grsch KrSch Grsch KrSch
Grsch KrSch Grsch KrSch Grsch KrSch Grsch KrSch Grsch

gut so

ist es so gut
so es gut ist
ist es gut so

gut so ist es
so gut ist es
es ist gut so

so gut es ist
ist so gut es
gut ist es so

so ist es gut
es ist so gut
gut es ist so

der städtebau
verlangt

im ganzen einheitlichkeit
im einzelnen bewegung

bewegung in der einheitlichkeit
im einzelnen das ganze

einheitlichkeit im einzelnen
bewegung im ganzen

verlangt
der städtebau

protokoll der dinge (11/85)

der kessel, der auch ein ofen ist,
der weissen rauch entlässt

das große tor, ölschwarz das holz

die wanne, verzinkt, bereits matt und grau

die glocken, aus dünnem metall

die alten holztische, am rechten platz

die langen ketten, am flaschenzug, am vordach

die haken, blutig, spitz

die säge, in knochiger hand

die messer, vom wetzstahl scharf

der gewachste stoff, an händen und
am leib des meisters

der wolf, am tisch, gedreht

der blumengemusterte stoff, geschürzt

die dauerdosen, gelbkupfern, in strenger reihe

die schalen, aus aluminium,
mit salz und getrocknetem kraut

der große löffel, gerührt im rot, dann grau

die große kelle, tief getaucht

dame mit schwarzem hut

erste erinnerung
die ungewöhnliche wärme dieser märznacht
(balkonszene)
zweite erinnerung
die vogue (bereits viele wochen zuvor gekauft)
dritte erinnerung
die hauchdünne, vom schweiß feuchte, weiße
baumwolle (inmitten tanzender menschen)
vierte erinnerung
der duft nach sommer, kräutern und chanel
fünfte erinnerung
die dame mit schwarzem hut (im rahmen)
sechste erinnerung
der rat eines freundes (schleppleine und halterin)
siebte erinnerung
die spiegelung in tillmanns rahmen
(entscheidung zur reise)
achte erinnerung
das haus über dem meer (große entfernung)
neunte erinnerung
die aufnahmen mit vaters minolta (nie gesehen)
zehnte erinnerung
der drohdunkle himmel über der südlichen halbinsel
elfte erinnerung
der duft der warmen erde nach dem regen
zwölfte erinnerung
ein windstoss weht die portraitzeichnungen hinweg
dreizehnte erinnerung
die vergessene anwesenheit (am feuer,
auf scheibenhardt)
vierzehnte erinnerung
das durchstreifen der städtischen höfe
(vorerstletzte begegnung)
fünfzehnte erinnerung
das bleiben (die unerwartete tatsache)
sechzehnte erinnerung
das gedicht (das ende, der anfang)

herrenschneiderin

erste erinnerung
die nachricht aus dem kleinen wald
zweite erinnerung
überwarm das haus, vom feuer im ofen
(buchenholzfeuer)
dritte erinnerung
das schlafzimmer in heller, rustikaler eiche
vierte erinnerung
die seidig wehenden gardinen im fast gänzlich
dunklen raum
fünfte erinnerung
stehend, sitzend, kniend am bett
sechste erinnerung
die öffnung des schrankes im keller (der zufall)
siebte erinnerung
die stoffe, die stoffe, die stoffe
achte erinnerung
im geheimen gespräch, die ankündigung
neunte erinnerung
das klavier in der bar, die einst ein schweinestall
war (die türe weit geöffnet)
zehnte erinnerung
kammgarnschwarz, die nacht vor dem tod
elfte erinnerung
das senden aus dem raum (der letzte blick)
zwölfte erinnerung
die herrenschneiderin verlässt den ort
dreizehnte erinnerung
der alte, stolze mann sinkt weinend auf die knie
vierzehnte erinnerung
der gemessene schritt, links, rechts, links,
bis zum ende des weges
fünfzehnte erinnerung
die aschgrauen, blassroten und gelben steine,
in wildem verband (vor jahren selbst gelegt)
sechzehnte erinnerung
das gefäß, rotkupfern, schwer, kalt, sakral

das meer

erste beobachtung
das meer ist schön
zweite beobachtung
das meer ist immer schön
dritte beobachtung
das meer ist noch immer schön
vierte beobachtung
das meer ist noch nicht schön
fünfte beobachtung
das meer ist schön immer noch
sechste beobachtung
das meer ist noch immer schön noch
siebte beobachtung
das meer ist nicht schön
achte beobachtung
das meer ist immer noch nicht schön
neunte beobachtung
das meer ist noch schön immer nicht
zehnte beobachtung
das meer ist noch immer nicht immer schön
elfte beobachtung
das meer ist nicht immer schön
zwölfte beobachtung
das meer ist immer nicht immer schön
dreizehnte beobachtung
das meer ist noch immer
vierzehnte beobachtung
das meer ist immer

sie liebt mich sie liebt mich ~~nicht~~ sie liebt mich
sie liebt mich ~~nicht~~ sie liebt mich sie liebt mich
~~nicht~~ sie liebt mich sie liebt mich ~~nicht~~ sie liebt
mich sie liebt mich ~~nicht~~ sie liebt mich sie liebt
mich ~~nicht~~ sie liebt mich sie liebt mich sie liebt
mich ~~nicht~~ sie liebt mich sie liebt mich ~~nicht~~ sie
liebt mich sie liebt mich ~~nicht~~ sie liebt mich sie
liebt mich ~~nicht~~ sie liebt mich sie liebt mich ~~nicht~~
sie liebt mich sie liebt mich ~~nicht~~ sie liebt mich
sie liebt mich sie liebt mich ~~nicht~~ sie liebt mich
sie liebt mich ~~nicht~~ sie liebt mich sie liebt mich
~~nicht~~ sie liebt mich sie liebt mich ~~nicht~~ sie liebt
mich sie liebt mich ~~nicht~~ sie liebt mich sie liebt
mich ~~nicht~~ sie liebt mich sie liebt mich sie liebt
mich ~~nicht~~ sie liebt mich sie liebt mich ~~nicht~~ sie
liebt mich sie liebt mich ~~nicht~~ sie liebt mich sie
liebt mich ~~nicht~~ sie liebt mich sie liebt mich ~~nicht~~
sie liebt mich sie liebt mich ~~nicht~~ sie liebt mich
sie liebt mich sie liebt mich ~~nicht~~ sie liebt mich
sie liebt mich ~~nicht~~ sie liebt mich sie liebt mich
~~nicht~~ sie liebt mich sie liebt mich ~~nicht~~ sie liebt
mich sie liebt mich ~~nicht~~ sie liebt mich sie liebt
mich ~~nicht~~ sie liebt mich sie liebt mich sie liebt
mich ~~nicht~~ sie liebt mich sie liebt mich ~~nicht~~ sie
liebt mich sie liebt mich ~~nicht~~ sie liebt mich sie
liebt mich ~~nicht~~ sie liebt mich sie liebt mich ~~nicht~~
sie liebt mich sie liebt mich ~~nicht~~ sie liebt mich

selbstzweck~~gebunden~~

-

~~selbst~~zweckgebunden

```
            t
            e t
            x e t
            t x e t
            b t x e t
            a b t x e t
a           s a b t x e t
r a         e s a b t x e t
t r a       d e s a b t x e t
  t r         d e s a b t x e
    t           d e s a b t x
                  d e s a b t
                    d e s a b
                      d e s a
                        d e s
                          d e
                            d
```

```
a t t r a c t i o n
  t t r a c t i o n
    t r a c t i o n
      r a c t i o n
        a c t i o n
        a c t i o
        a c t i
        a c t
        a c
        a
        a c
        a c t
        a c t i
        a c t i o
        a c t i o n
      r a c t i o n
    t r a c t i o n
  x t r a c t i o n
e x t r a c t i o n
```

        o
      n o
    r n o
  o r n o
p o r n o
p o r n o p
p o r n o p o
p o r n o p o r
p o r n o p o r n
p o r n o p o r n o
  o r n o p o r n o
    r n o p o r n o
      n o p o r n o
      n o p o r n
      n o p o r
      n o p o
      n o p
      n o
      n

a
a k
a k t
a k t i
a k t i o
a k t i o n
a k t i o n i
a k t i o n i s
a k t i o n i s m
a k t i o n i s m u
a k t i o n i s m u s
e a k t i o n i s m u s
r e a k t i o n i s m u s
r e a k t i o n i s m u
r e a k t i o n i s m
r e a k t i o n i s
r e a k t i o n i
r e a k t i o n
r e a k t i o
r e a k t i
r e a k t
r e a k
r e a
r e
r

                              e
                            r e
                          u r e
                        t u r e
                      u t u r e
                n   f u t u r e
                n o f u t u r e
                n o f u t u r
                n o f u t u
                  o f u t u r
                    f u t u r e
                  o f u t u r
                n o f u t u
                n o f u t u r
                n o f u t u r e
                n   f u t u r e
                      u t u r e
                        t u r e
                          u r e
                            r e
                              e

```
        i
        i n
        i n d
        i n d i
        i n d i v
        i n d i v i
        i n d i v i d
        i n d i v i d u
        i n d i v i d u a
        i n d i v i d u a l
        i n d i v i d u a l i
        i n d i v i d u a l i s
        i n d i v i d u a l i s m
m       i n d i v i d u a l i s m
m a     i n d i v i d u a l i s m
m a s   i n d i v i d u a l i s m
m a s s i n d i v i d u a l i s m
m a s s   n d i v i d u a l i s m
m a s s     d i v i d u a l i s m
m a s s       i v i d u a l i s m
m a s s         v i d u a l i s m
m a s s           i d u a l i s m
m a s s             d u a l i s m
m a s s               u a l i s m
m a s s                 a l i s m
m a s s                   l i s m
m a s s                     i s m
m a s s                       s m
m a s s                         m
m a s s
  a s s
    s s
      s
```

    c
    c o
    c o n
    c o n s
    c o n s t
    c o n s t r
    c o n s t r u
    c o n s t r u c
    c o n s t r u c t
    c o n s t r u c t i
    c o n s t r u c t i o
    c o n s t r u c t i o n
  e c o n s t r u c t i o n
d e c o n s t r u c t i o n
d e c o n s t r u c t i o
d e c o n s t r u c t i
d e c o n s t r u c t
d e c o n s t r u c
d e c o n s t r u
d e c o n s t r
d e c o n s t
d e c o n s
d e c o n
d e c o
d e c
d e
d

                  e
                  e v
                  e v i
                  e v i t
                  e v i t a
                  e v i t a i
                  e v i t a i t
                  e v i t a i t i
                  e v i t a i t i n
                  e v i t a i t i n i
e r i a l o p o p
  r i a l o p o p
    i a l o p o p
      a l o p o p
        l o p o p
          o p o p
            p o p
              o p
                p

```
      c
      c o
      c o n
      c o n f
      c o n f o
      c o n f o r
      c o n f o r m
      c o n f o r m i
      c o n f o r m i s
      c o n f o r m i s m
    n c o n f o r m i s m
  o n c o n f o r m i s m
n o n c o n f o r m i s m
n o n c o n f o r m i s
n o n c o n f o r m i
n o n c o n f o r m
n o n c o n f o r
n o n c o n f o
n o n c o n f
n o n c o n
n o n c o
n o n c
n o n
n o n c
n o n c o
n o n c o n
n o n c o n f
n o n c o n f o
n o n c o n f o r
n o n c o n f o r m
  o n c o n f o r m i
    n c o n f o r m i s
      c o n f o r m i s m
```

                        m
                        m o
                        m o d
                        m o d e
                        m o d e r
                        m o d e r n
                        m o d e r n   m
                        m o d e r n   s m
                        m o d e r n i s m
                p   m o d e r n i s m
                p o   m o d e r n i s m
                p o s   m o d e r n i s m
                p o s t m o d e r n i s m
        p   p o s t m o d e r n i s m
        p o   p o s t m o d e r n i s m
        p o s   p o s t m o d e r n i s m
        p o s t p o s t m o d e r n i s m
p   p o s t p o s t m o d e r n i s m
p o   p o s t p o s t m o d e r n i s m
p o s   p o s t p o s t m o d e r n i s m
p o s t p o s t p o s t m o d e r n i s m

				e					*e*
			u	*e*				*u*	*e*
		g	*u*	*e*			*g*	*u*	*e*
	a	*g*	*u*	*e*		*o*	*g*	*u*	*e*
v	*a*	*g*	*u*	*e*	*v*	*o*	*g*	*u*	*e*
v	*a*	*g*	*u*		*v*	*o*	*g*	*u*	
v	*a*	*g*			*v*	*o*	*g*		
v	*a*				*v*	*o*			
v					*v*				

<table>
<tr><td>l</td><td></td><td></td><td></td><td></td><td></td><td></td><td></td><td></td><td></td><td></td><td>r</td></tr>
<tr><td>l</td><td>a</td><td></td><td></td><td></td><td></td><td></td><td></td><td></td><td></td><td>u</td><td>r</td></tr>
<tr><td>l</td><td>a</td><td>m</td><td></td><td></td><td></td><td></td><td></td><td></td><td>o</td><td>u</td><td>r</td></tr>
<tr><td>l</td><td>a</td><td>m</td><td>o</td><td></td><td></td><td></td><td></td><td>m</td><td>o</td><td>u</td><td>r</td></tr>
<tr><td>l</td><td>a</td><td>m</td><td>o</td><td>r</td><td></td><td></td><td>a</td><td>m</td><td>o</td><td>u</td><td>r</td></tr>
<tr><td>l</td><td>a</td><td>m</td><td>o</td><td>r</td><td>t</td><td>l</td><td>a</td><td>m</td><td>o</td><td>u</td><td>r</td></tr>
<tr><td></td><td>a</td><td>m</td><td>o</td><td>r</td><td>t</td><td>l</td><td>a</td><td>m</td><td>o</td><td>u</td><td></td></tr>
<tr><td></td><td></td><td>m</td><td>o</td><td>r</td><td>t</td><td>l</td><td>a</td><td>m</td><td>o</td><td></td><td></td></tr>
<tr><td></td><td></td><td></td><td>o</td><td>r</td><td>t</td><td>l</td><td>a</td><td>m</td><td></td><td></td><td></td></tr>
<tr><td></td><td></td><td></td><td></td><td>r</td><td>t</td><td>l</td><td>a</td><td></td><td></td><td></td><td></td></tr>
<tr><td></td><td></td><td></td><td></td><td></td><td>t</td><td>l</td><td></td><td></td><td></td><td></td><td></td></tr>
</table>

                        c
                        c o
                        c o l
                        c o l o
      t   t   t c o l o n
    s t   s t   s t c o l o n i
  o s t   o s t   o s t c o l o n i a
p o s t p o s t p o s t c o l o n i a l
  o s t   o s t   o s t c o l o n i a
    s t   s t   s t c o l o n i
      t   t   t c o l o n
                        c o l o
                        c o l
                        c o
                        c

```
                        r
                      u r
                    t u r
                  u t u r
                f u t u r
              o f u t u r
            t o f u t u r
    o     o t o f u t u r
  r o   r o t o f u t u r
p r o p r o t o f u t u r
p r   p r o t o f u t u
p     p r o t o f u t
      p r o t o f u
      p r o t o f
      p r o t o
      p r o t
      p r o
      p r
      p
```

i s i t

i t i s

w h a t

i t i s

i s i t

y
r y
a r y
r a r y
o r a r y
p o r a r y
m p o r a r y
e m p o r a r y
t e m p o r a r y
n t e m p o r a r y
o n t e m p o r a r y
c o n t e m p o r a r y
y c o n t e m p o r a r y
r y c o n t e m p o r a r y
a r y c o n t e m p o r a r y
r a r y c o n t e m p o r a r y
o r a r y c o n t e m p o r a r y
p o r a r y c o n t e m p o r a r y
m p o r a r y c o n t e m p o r a r y
e m p o r a r y c o n t e m p o r a r y
t e m p o r a r y c o n t e m p o r a r y
t e m p o r a r y c o n t e m p o r a r
t e m p o r a r y c o n t e m p o r a
t e m p o r a r y c o n t e m p o r
t e m p o r a r y c o n t e m p o
t e m p o r a r y c o n t e m p
t e m p o r a r y c o n t e m
t e m p o r a r y c o n t e
t e m p o r a r y c o n t
t e m p o r a r y c o n
t e m p o r a r y c o
t e m p o r a r y c
t e m p o r a r y
t e m p o r a r
t e m p o r a
t e m p o r
t e m p o
t e m p
t e m
t e
t

e
e l
l o l
l o l o
o q o q o
o o q o o q
q u q u u u u
q u q u q u q u
u e u e u e u e
u u u e u u u
e e e e u e
e n e n e
n t n t
n n t
t t
t

<table>
<tr><td></td><td></td><td></td><td></td><td></td><td>f</td><td>a</td><td>c</td><td>t</td><td>i</td><td>o</td><td>n</td></tr>
<tr><td></td><td></td><td></td><td></td><td>s</td><td>f</td><td>a</td><td>c</td><td>t</td><td>i</td><td>o</td><td>n</td></tr>
<tr><td></td><td></td><td></td><td>i</td><td>s</td><td>f</td><td>a</td><td>c</td><td>t</td><td>i</td><td>o</td><td>n</td></tr>
<tr><td></td><td></td><td>t</td><td>i</td><td>s</td><td>f</td><td>a</td><td>c</td><td>t</td><td>i</td><td>o</td><td>n</td></tr>
<tr><td></td><td>a</td><td>t</td><td>i</td><td>s</td><td>f</td><td>a</td><td>c</td><td>t</td><td>i</td><td>o</td><td>n</td></tr>
<tr><td>s</td><td>a</td><td>t</td><td>i</td><td>s</td><td>f</td><td>a</td><td>c</td><td>t</td><td>i</td><td>o</td><td>n</td></tr>
<tr><td>s</td><td>a</td><td>t</td><td>i</td><td>s</td><td>f</td><td>a</td><td>c</td><td>t</td><td>i</td><td>o</td><td></td></tr>
<tr><td>s</td><td>a</td><td>t</td><td>i</td><td>s</td><td>f</td><td>a</td><td>c</td><td>t</td><td>i</td><td></td><td></td></tr>
<tr><td>s</td><td>a</td><td>t</td><td>i</td><td>s</td><td>f</td><td>a</td><td>c</td><td>t</td><td></td><td></td><td></td></tr>
<tr><td>s</td><td>a</td><td>t</td><td>i</td><td>s</td><td>f</td><td>a</td><td>c</td><td></td><td></td><td></td><td></td></tr>
<tr><td>s</td><td>a</td><td>t</td><td>i</td><td>s</td><td>f</td><td>a</td><td></td><td></td><td></td><td></td><td></td></tr>
<tr><td>s</td><td>a</td><td>t</td><td>i</td><td>s</td><td>f</td><td></td><td></td><td></td><td></td><td></td><td></td></tr>
<tr><td>s</td><td>a</td><td>t</td><td>i</td><td>s</td><td></td><td></td><td></td><td></td><td></td><td></td><td></td></tr>
<tr><td>s</td><td>a</td><td>t</td><td>i</td><td>s</td><td>f</td><td></td><td></td><td></td><td></td><td></td><td></td></tr>
<tr><td>s</td><td>a</td><td>t</td><td>i</td><td>s</td><td>f</td><td>i</td><td></td><td></td><td></td><td></td><td></td></tr>
<tr><td>s</td><td>a</td><td>t</td><td>i</td><td>s</td><td>f</td><td>i</td><td>c</td><td></td><td></td><td></td><td></td></tr>
<tr><td>s</td><td>a</td><td>t</td><td>i</td><td>s</td><td>f</td><td>i</td><td>c</td><td>t</td><td></td><td></td><td></td></tr>
<tr><td>s</td><td>a</td><td>t</td><td>i</td><td>s</td><td>f</td><td>i</td><td>c</td><td>t</td><td>i</td><td></td><td></td></tr>
<tr><td>s</td><td>a</td><td>t</td><td>i</td><td>s</td><td>f</td><td>i</td><td>c</td><td>t</td><td>i</td><td>o</td><td></td></tr>
<tr><td>s</td><td>a</td><td>t</td><td>i</td><td>s</td><td>f</td><td>i</td><td>c</td><td>t</td><td>i</td><td>o</td><td>n</td></tr>
<tr><td></td><td>a</td><td>t</td><td>i</td><td>s</td><td>f</td><td>i</td><td>c</td><td>t</td><td>i</td><td>o</td><td>n</td></tr>
<tr><td></td><td></td><td>t</td><td>i</td><td>s</td><td>f</td><td>i</td><td>c</td><td>t</td><td>i</td><td>o</td><td>n</td></tr>
<tr><td></td><td></td><td></td><td>i</td><td>s</td><td>f</td><td>i</td><td>c</td><td>t</td><td>i</td><td>o</td><td>n</td></tr>
<tr><td></td><td></td><td></td><td></td><td>s</td><td>f</td><td>i</td><td>c</td><td>t</td><td>i</td><td>o</td><td>n</td></tr>
<tr><td></td><td></td><td></td><td></td><td></td><td>f</td><td>i</td><td>c</td><td>t</td><td>i</td><td>o</td><td>n</td></tr>
</table>

le grand bleu

du ciel

est le grand bleu

de la mer

dans le miroir

de la mer

est le grand bleu

du ciel

le grand bleu

i n

n a o

t r c i

e t

t r c i

n a o

i r c n

n e t o

t i

n e t o

i r c n

a

i r c n

n e t o

t i

n e t o

i r c n

n a o

t r c i

e t

t r c i

n a o

i n

a

h a

a h a

h a h a

a h a h a

h a h a h a

a a a a a h a

h a a a a a a a

a h a a a a a a a

h a h a a h a h a a

a a a h a h a h a a a

h a h a h a h a h a h a

a a a a a a a a a a a a a

h h h h h h h h h h h h h h

so weit   so gut
weit so   gut so
weit   gut
so   so
gut   weit
gut so   weit so
so gut   so weit

s i e   e r

w a r t e t

e r   e r

w a r t e t

s i e   e r

w a r t e t

e r   s i e

scholle
scholle
scholle
scholle
scholle
scholle
scholle
scholle
scholle
scholle

tischdecke (italienischer stil)

rot weiß rot weiß rot weiß rot weiß rot weiß rot weiß rot weiß

weiß rot weiß rot weiß rot weiß rot weiß rot weiß rot weiß rot

rot weiß rot weiß rot weiß rot weiß rot weiß rot weiß rot weiß

weiß rot weiß rot weiß rot weiß rot weiß rot weiß rot weiß rot

rot weiß rot weiß rot weiß rot weiß rot weiß rot weiß rot weiß

weiß rot weiß rot weiß rot weiß rot weiß rot weiß rot weiß rot

rot weiß rot weiß rot weiß rot weiß rot weiß rot weiß rot weiß

weiß rot weiß rot weiß rot weiß rot weiß rot weiß rot weiß rot

rot weiß rot weiß rot weiß rot weiß rot weiß rot weiß rot weiß

weiß rot weiß rot weiß rot weiß rot weiß rot weiß rot weiß rot

rot weiß rot weiß rot weiß rot weiß rot weiß rot weiß rot weiß

weiß rot weiß rot weiß rot weiß rot weiß rot weiß rot weiß rot

rot weiß rot weiß rot weiß rot weiß rot weiß rot weiß rot weiß

weiß rot weiß rot weiß rot weiß rot weiß rot weiß rot weiß rot

tischdecke (griechischer stil)

blau weiß blau weiß blau weiß blau weiß blau weiß blau weiß blau weiß

weiß blau weiß blau weiß blau weiß blau weiß blau weiß blau weiß blau

blau weiß blau weiß blau weiß blau weiß blau weiß blau weiß blau weiß

weiß blau weiß blau weiß blau weiß blau weiß blau weiß blau weiß blau

blau weiß blau weiß blau weiß blau weiß blau weiß blau weiß blau weiß

weiß blau weiß blau weiß blau weiß blau weiß blau weiß blau weiß blau

blau weiß blau weiß blau weiß blau weiß blau weiß blau weiß blau weiß

weiß blau weiß blau weiß blau weiß blau weiß blau weiß blau weiß blau

blau weiß blau weiß blau weiß blau weiß blau weiß blau weiß blau weiß

weiß blau weiß blau weiß blau weiß blau weiß blau weiß blau weiß blau

blau weiß blau weiß blau weiß blau weiß blau weiß blau weiß blau weiß

weiß blau weiß blau weiß blau weiß blau weiß blau weiß blau weiß blau

blau weiß blau weiß blau weiß blau weiß blau weiß blau weiß blau weiß

weiß blau weiß blau weiß blau weiß blau weiß blau weiß blau weiß blau

tischdecke (internationaler stil)

weiß weiß weiß weiß weiß weiß weiß weiß weiß weiß weiß weiß weiß weiß

weiß weiß weiß weiß weiß weiß weiß weiß weiß weiß weiß weiß weiß weiß

weiß weiß weiß weiß weiß weiß weiß weiß weiß weiß weiß weiß weiß weiß

weiß weiß weiß weiß weiß weiß weiß weiß weiß weiß weiß weiß weiß weiß

weiß weiß weiß weiß weiß weiß weiß weiß weiß weiß weiß weiß weiß weiß

weiß weiß weiß weiß weiß weiß weiß weiß weiß weiß weiß weiß weiß weiß

weiß weiß weiß weiß weiß weiß weiß weiß weiß weiß weiß weiß weiß weiß

weiß weiß weiß weiß weiß weiß weiß weiß weiß weiß weiß weiß weiß weiß

weiß weiß weiß weiß weiß weiß weiß weiß weiß weiß weiß weiß weiß weiß

weiß weiß weiß weiß weiß weiß weiß weiß weiß weiß weiß weiß weiß weiß

weiß weiß weiß weiß weiß weiß weiß weiß weiß weiß weiß weiß weiß weiß

weiß weiß weiß weiß weiß weiß weiß weiß weiß weiß weiß weiß weiß weiß

weiß weiß weiß weiß weiß weiß weiß weiß weiß weiß weiß weiß weiß weiß

weiß weiß weiß weiß weiß weiß weiß weiß weiß weiß weiß weiß weiß weiß

tischdecke (vatikanischer stil)

weiß weiß weiß weiß weiß weiß weiß weiß weiß weiß weiß weiß weiß weiß

weiß weiß **gold gold** weiß weiß weiß weiß weiß weiß **gold gold** weiß weiß

weiß **gold gold gold gold** weiß weiß weiß weiß **gold gold gold gold** weiß

weiß **gold gold gold gold** weiß weiß weiß weiß **gold gold gold gold** weiß

weiß weiß **gold gold** weiß weiß **gold gold** weiß weiß **gold gold** weiß weiß

weiß weiß **gold gold** weiß **gold gold gold gold** weiß **gold gold** weiß weiß

weiß weiß weiß weiß weiß **gold gold gold gold** weiß weiß weiß weiß weiß

weiß weiß weiß weiß weiß weiß **gold gold** weiß weiß weiß weiß weiß weiß

weiß weiß **gold gold** weiß weiß **gold gold** weiß weiß **gold gold** weiß weiß

weiß **gold gold gold gold** weiß weiß weiß weiß **gold gold gold gold** weiß

weiß **gold gold gold gold** weiß weiß weiß weiß **gold gold gold gold** weiß

weiß weiß **gold gold** weiß weiß weiß weiß weiß weiß **gold gold** weiß weiß

weiß weiß **gold gold** weiß weiß weiß weiß weiß weiß **gold gold** weiß weiß

weiß weiß weiß weiß weiß weiß weiß weiß weiß weiß weiß weiß weiß weiß

india

alpha
mike

delta
romeo
uniform
november
kilo

bravo
lima
oscar
oscar
delta
yankee

hotel
echo
lima
lima

charly romeo **echo** alpha romeo **echo** charly
romeo **echo** alpha romeo **echo** charly romeo
echo alpha romeo **echo** charly romeo **echo**
alpha romeo **echo** charly romeo **echo** alpha
romeo **echo** charly romeo **echo** alpha romeo
echo charly romeo **echo** alpha romeo **echo**
charly romeo **echo** alpha romeo **echo** charly
romeo **echo** alpha romeo **echo** charly romeo
echo alpha romeo **echo** charly romeo **echo**
alpha romeo **echo** charly romeo **echo** alpha
romeo **echo** charly romeo **echo** alpha romeo
echo charly romeo **echo** alpha romeo **echo**
charly romeo **echo** alpha romeo **echo** charly
romeo **echo** alpha romeo **echo** charly romeo
echo alpha romeo **echo** charly romeo **echo**
alpha romeo **echo** charly romeo **echo** alpha
romeo **echo** charly romeo **echo** alpha romeo
echo charly romeo **echo** alpha romeo **echo**
charly romeo **echo** alpha romeo **echo** charly
romeo **echo** alpha romeo **echo** charly romeo
echo alpha romeo **echo** charly romeo **echo**
alpha romeo **echo** charly romeo **echo** alpha
romeo **echo** charly romeo **echo** alpha romeo
echo charly romeo **echo** alpha romeo **echo**
charly romeo **echo** alpha romeo **echo** charly
romeo **echo** alpha romeo **echo** charly romeo
echo alpha romeo **echo** charly romeo **echo**
alpha romeo **echo** charly romeo **echo** alpha
romeo **echo** charly romeo **echo** alpha romeo
echo charly romeo **echo** alpha romeo **echo**

tango **echo** x-ray **echo** romeo **echo** tango
echo x-ray **echo** romeo **echo** tango **echo**
x-ray **echo** romeo **echo** tango **echo** x-ray
echo romeo **echo** tango **echo** x-ray **echo**
romeo **echo** tango **echo** x-ray **echo** romeo
echo tango **echo** x-ray **echo** romeo **echo**
tango **echo** x-ray **echo** romeo **echo** tango
echo x-ray **echo** romeo **echo** tango **echo**
x-ray **echo** romeo **echo** tango **echo** x-ray
echo romeo **echo** tango **echo** x-ray **echo**
romeo **echo** tango **echo** x-ray **echo** romeo
echo tango **echo** x-ray **echo** romeo **echo**
tango **echo** x-ray **echo** romeo **echo** tango
echo x-ray **echo** romeo **echo** tango **echo**
x-ray **echo** romeo **echo** tango **echo** x-ray
echo romeo **echo** tango **echo** x-ray **echo**
romeo **echo** tango **echo** x-ray **echo** romeo
echo tango **echo** x-ray **echo** romeo **echo**
tango **echo** x-ray **echo** romeo **echo** tango
echo x-ray **echo** romeo **echo** tango **echo**
x-ray **echo** romeo **echo** tango **echo** x-ray
echo romeo **echo** tango **echo** x-ray **echo**
romeo **echo** tango **echo** x-ray **echo** romeo
echo tango **echo** x-ray **echo** romeo **echo**
tango **echo** x-ray **echo** romeo **echo** tango
echo x-ray **echo** romeo **echo** tango **echo**
x-ray **echo** romeo **echo** tango **echo** x-ray
echo romeo **echo** tango **echo** x-ray **echo**
romeo **echo** tango **echo** x-ray **echo** romeo
echo tango **echo** x-ray **echo** romeo **echo**

irgend etwas ~~wichtiges~~

-

~~irgend~~ etwas wichtiges

Sprache und Motiv – Gedanken zu Sebastian Winklers Poetik-Arbeiten

von Christina Irrgang

Überlegungen zum zeitgenössischen Gebrauch von Sprache führen mich – selbst literarische und poetische Texte verfassend – immer mehr zu der Beobachtung und Überzeugung, dass unser Denken und Sehen von einer in sich kreisenden Wahrnehmung gespeist wird. Anders, als die staccato-hafte Summierung von Buchstaben und Lauten in den dadaistischen Gedichten der Moderne etwa, vollzieht sich die Neuordnung der Sprache zunehmend in Schlaufen. Das Loslösen von der Syntax und die Inversion aufeinander aufbauender Sprachelemente lässt im Umgang mit Sprache mehr Autonomie für Konstellationen zu – ein Gedanke, den Eugen Gomringer 1954 mit seinem Manifest der Konkreten Poesie „Vom Vers zur Konstellation“ bestrebt gewesen ist, anzustoßen. Ein Nahelegen also, sich losgelöst vom Vers nun der Sprache, wie sie da spezifisch ist und sein will, hinzugeben. Das bedeutet: Ordnung und das Spiel mit der Ordnung in ein Equilibrium zu bringen und synthetisch-rationalistische Ausdrucksformen, wie sie die Konkrete Poesie als Raum des Möglichen verteidigt hatte, weiterzudenken.

Sebastian Winklers Poetik-Arbeiten berichten vom Handwerk des Konkreten, und doch überwiegen in seinen Texten nicht allein Elemente der Sprache, die in ihrer Zusammensetzung neue Sinn- und Denkgefüge bilden: Sprache weitet sich wie eine Landschaft, die in einem sich verdichtenden Blick wächst, szenisch-literarisch aus. So formen sich immaterielle Bilder durch Worte, wie sie der Bildende Künstler Sebastian Winkler auch in seinen grafischen und plastischen Werken unter anderem durch textile Objekte und abstrakte Kompositionen erzählt – stets in Rückbezug auf einen spezifischen Moment, der privat Erlebtes sowie teilnehmend Beobachtetes umspannt und zueinander in Beziehung setzt. Durch das Auslassen, Erweitern und Umdeuten von Worten etwa lassen sich in seinen poetischen Texten differenzierte Zusammenhänge erkennen, die menschliche Muster und Bedeutungszuschreibung miteinander verketten oder Perspektiven ineinander verweben. So entstehen vermeintliche Zustände des Unkenntlichen, und doch legt jedes Wort in purer Klarheit die Aussage eines jeden Gefüges offen. Sebastian Winklers Benennungen werden dabei vielmals von einer präzisen Akustik des Sprachlichen begleitet, die um einen einzelnen Buchstaben oder um Wortschichten herum vibrieren und den Raum, den sie zu skizzieren ersuchen, wie eine physische Erfahrung präsent machen. Dieser visuelle wie auch akustische Transfer zeichnet seine poetischen Texte in besonderem Maße aus und lässt sie autonome Stimmen sein in einem umfassend künstlerischen Werk.

Die Vielfalt des Erinnerns ist essentiell in Sebastian Winklers künstlerischen Arbeiten und so ist sie auch grundlegend für die Betrachtung seiner poetischen Texte. Als ein frühes und wichtiges Beispiel, das die Verbindung von Visueller Kunst und Literatur in seinem Werk markiert, gilt der Text „herrenschneiderin“ (2013), in dem die Erinnerung ein strukturelles Element ist und Texturen des Wirklichen mit assoziativ Verknüpftem verlautbart werden. Sechzehn Erinnerungen an seine Großmutter generieren hierbei durch fragmentarische Notationen eine Erzählung. Jede Sequenz beschreibt eine Situation, die in ihrer Zunahme an vermeintlicher Information das skizzierte Bild zu verdichten scheint. Und dennoch verharrt die Gesamtkomposition im Geheimnis. Zwischen jedem in der Sprache (wieder) aufgeführten Moment öffnet sich ein Raum der Stille, der erlaubt, neue gedankliche Schneisen zu schlagen.

Das Stilmittel der Wiederholung und Rekombination ist entscheidend für eine Vielzahl seiner Texte, wie beispielsweise in „ich wollte das so nicht“ (2011), „der herr ist mit uns“ (2015), „vielleicht“ (2016) oder „ich bin dein“ (2017). Sebastian Winkler geht in diesen Poetik-Arbeiten von einem Satz aus, den er aus (s)einer vertrauten und ritualisierten Wortfolge entbindet, ja durch Aufbruch und Neuzusammensetzung der sprachlichen Elemente zu umgekehrten oder in sich changierenden Aussagen zwingt. Die Worte kreisen um sich und um mich als Lesende: befragen sich selbst, befragen mich und stellen eine jedwede Aussage durch die Auflösung der zuvor gegebenen Struktur in eine neue Rede. Worte und Sätze durchbrechen das durch eine syntaktisch festgelegte Abfolge generierte Gebot und lösen es in einem ineinander verwobenen Gedankengitter auf. Dadurch erhält jedes Wort und jeder Buchstabe ein der jeweils sprachlichen Konstellation entsprechendes Couleur – eine Komposition aus Lauten, Buchstaben, im Gehör hallenden Tönen, die einem synkopischen Takt nachkommen.

„licht an, licht aus“ (2013) folgt einer Rhythmik, die in der Narration des Gedichtes von dem Betätigen eines Lichtschalters getragen wird. Das in Passagen Erzählte wird durch die Koppelung an einen Mechanismus erhellt und verdunkelt, es richtet sich nach der Beleuchtung dessen, was zwischenmenschlich situativ aufzuscheinen vermag. Der Wechsel von Bedeutung in Zusammenhang mit intersubjektiver Positionierung ist ein Sujet, das Winkler mit „liebe“ (2015), „konstellationen“ (2015) und „zuhause“ (2016) fortgesetzt hat. Diese Reihe macht in ihrer strukturellen Reduktion deutlich, wie nah einander Wort und gelebte Bedeutung zu sein vermögen. Sprache umschlingt. Und so formulieren „flanieren (wilhelmshöhe)“ (2013) und „strandtag“ (2014) ein stetes abstraktes Rauschen: Die unter gleichförmigen Schritten knirschenden Kiesel und der wiederkehrende Wellenaufschlag kennzeichnen und gliedern das Gefüge der Sprache auf der Buchseite, die durch die klangliche Wiederholung zu einem Ort des Innehaltens wird.

Das Piktogramm „schollen (acker)“ (2012) ordnet repetitiv und ganz direkt das Wort Scholle auf dem

Feld des Blattes zum Motiv. Es ist ein solches, das Sebastian Winkler auch dinghaft-visuell als Zeichnung und Collage zum Ausdruck gebracht hat. Es ist auch ein weiteres Beispiel dafür, wie die Sprache als Bild der Gedanken analog zu seinem bildnerisch-materialen Schaffen besteht. Der poetische Text erscheint unter Umständen auch als autonome Figur im Ausstellungsgefüge und ist somit eine ebenso charakteristische Setzung wie jene in seinen Bildern und Installationen. Dann formuliert die Interpunktion in der Sprache eine Referenz zu Falte, Riss und Form des Gewebes seiner Stoffarbeiten oder zum Papier seiner Collagen. Texte wie die visuelle Serie „tischdecken" – im italienischen, griechischen und internationalen Stil (2016) – umhüllen die Worte Rot und Weiß respektive Blau und Weiß sowie Weiß und Weiß in der ihnen zugeschriebenen Stofflichkeit der Faser und des Fadens zwischen Kette und Schuss. Dass die Verbindung von Buchstaben und Worten dem Zusammenfügen von Gewebe gleicht, zeigt sich vice versa in Winklers Sprachbildern wie bei „la mort l amour" (2018) oder „massindividualism" (2019), die durch das Hinzufügen, Verschieben oder Entnehmen von Elementen einander gegensätzliche Bedeutungszusammenhänge hervorbringen.

Sebastian Winklers Poetik-Arbeiten lassen Sprache zum Motiv ihrer selbst werden, die sich dann in ihrem spezifischen Dasein vergegenwärtigt, wenn wir selbst unseren Blick auf das Mögliche ihrer Gestaltfindung präzisieren. Worte streichen aus – und verwandeln. Zwischen Greif- und Vorstellbarem erlauben sie mir als Lesende eine fiktionale und subjektive Aneignung und ondulieren auf diese Weise durch facettenreiche Zustände: Ein erspürter Moment taucht als Möglichkeit auf, verschwindet, kehrt wieder, umkreist und erzeugt andere, individuelle Bezugssysteme. Die hier vorgelegte Publikation „texere [weben]“ bildet erstmals die gesamte Bandbreite von Sebastian Winklers Poetik-Arbeiten der letzten zehn Jahre ab. Der im Titel vereinte gemeinsame lateinische Wortursprung von Text und Textil verknüpft sinnbildlich wie konkret sein künstlerisches und lyrisches Werk, das sich über den Raum dieses Buches entfaltet.

titel		jahr	tec	seite
1	ich wollte das so nicht	2011	rek	5
2	ich bin dein	2017	rek, rot, ref	6
3	vorstellen	2016	int, vis	7
4	es gibt kein wir	2016	rot, loop	8
5	üb mich	2014	int	10
6	kläffen	2016	alli	11
7	ich träume von dir	2014	rek	12
8	es gibt kein zurück	2015	rek	13
9	bei dir	2015	int	14
10	man darf	2014	int	15
11	zuletzt	2015	int	16
12	schillerpark	2015	rot, ite, ref	17
13	der herr ist mit uns	2015	rek	18
14	so weit	2018	rek, rot	19
15	ehren	2014	rek	20
16	gehört	2018	int	21
17	mit mir	2013	rek	22
18	nicht mich	2014	int	23
19	wider	2013	int	24
20	sehen	2019	int	25
21	ich erinnere mich nicht	2013	rek	26
22	der ausbrecher	2016	rot, ite	27
23	freuen	2016	rek, ref, rot	28
24	am meer waren wir nie	2015	rek	29
25	es ist würdig und recht	2016	rek	30
26	darf man das	2017	int	31
27	vermisst	2014	rek	32
28	licht an, licht aus	2013	int	33
29	toi toi toi	2017	alli	34
30	ist das was	2015	ite, rot	35
31	los	2014	rek	36
32	was und	2019	rek	37
33	der wallach	2015	int, ite	38
34	vorkommen	2017	int	39
35	dünnes eis	2011	int	40

36	vergessen	2015	rek	41
37	jenseits	2015	int	42
38	waren	2013	rek	43
39	warten	2016	rot	44
40	wichtig	2017	rot, ite, vis	46
41	nachsehen	2011	int, ite	47
42	notiz vom sechsten mai	2016	alli	48
43	ein räudiger rüde streunt	2015	rot	49
44	zu laut und zu bunt	2012	int	50
45	was es war	2016	int	51
46	allerheiligen	2016	rot	52
47	stimmt	2019	int	54
48	laub	2016	rot, aku	56
49	wollen	2020	rot, vis, loop	57
50	ahnt	2019	int, aku	58
51	leid	2014	rek	60
52	möchtest du	2015	ite	61
53	verlassen	2016	rek	62
54	alles	2019	rot	63
55	du bei mir	2014	rek	64
56	schnaps	2015	int	65
57	in dir / in mir	2016	ite, rot	66
58	liebeleinerlei	2013		67
59	liebe	2015	ite, rot, vis	68
60	konstellationen	2015	ite, rot, vis	69
61	vielleicht	2016	ite, rot, vis	70
62	zuhause	2016	ite, rot, vis	71
63	strandtag	2014	aku	72
64	flanieren (wilhelmshöhe)	2013	aku	73
65	gut so	2019	rek, vis	74
66	der städtebau	2015		75
67	protokoll der dinge	2011		76
68	dame mit schwarzem hut	2014		77
69	herrenschneiderin	2013		78
70	das meer	2016		79
71	sie liebt mich	2018	ite	80
72	selbstzweckgebunden	2014		81

73	textbased art	2018	vis	82
74	attraction extraction	2021	vis, aku	83
75	o no	2018	vis	84
76	reaktionismus	2018	vis	85
77	nofuture	2017	vis	86
78	massindividualism	2019	vis	87
79	deconstruction	2018	vis	88
80	initiative populaire	2021	vis	89
81	nonconformism	2018	vis	90
82	postpostpostmodernism	2018	vis	91
83	vaguevogue	2019	vis, aku	92
84	la mort l amour	2018	vis, aku	93
85	postpostpostcolonial	2021	vis	94
86	proprotofutur	2021	vis	95
87	is it	2018	rek, rot, vis	96
88	temporarycontemporary	2018	vis	97
89	eloquent	2017	vis, aku	98
90	faction fiction	2021	vis, aku	99
91	le grand bleu	2018	ref, vis	100
92	interaction	2021	vis, ite	101
93	a	2017	vis, aku	102
94	so weit so gut	2016	rot, rek, vis	103
95	wartet	2016	rot, ite, vis	104
96	schollen (acker)	2012	vis	105
97	tischdecken	2016	vis	106
98	i am drunk	2017	itu	110
99	bloody hell	2017	itu	111
100	creare	2018	itu, ite, vis	112
101	texere	2017	itu, ite, vis	113
102	irgend etwas wichtiges	2012		114

abkürzungen

aku	akustisch / klanglich	loop	text durch ite endlos
alli	alliteration	ref	reflexion / spiegelung
intt	intuitiv / inspirativ	rek	rekombination
ite	iteration / wiederholung	rot	rotation / drehung
itu	internationales funkalphabet	vis	visuell / formabhängig

Die Edition dankt

Burgergemeinde Bern

SWISSLOS
Kultur Kanton Bern

SEBASTIAN WINKLER (*1979) ist Bildender Künstler, Schriftsteller und Kurator. In seinem künstlerischen Werk beschäftigt er sich mit den Deutungsmöglichkeiten vertrauter Materialien, die er in zwei- und dreidimensionale Arbeiten überführt. Als freier Kurator richtet Winkler einen besonderen Fokus auf die Schnittstellen von Kunst und Literatur.

CHRISTINA IRRGANG (Dr. phil.) ist Kunst- und Medienwissenschaftlerin sowie Autorin und Musikerin. In ihrer Arbeit als freie Autorin legt sie einen Schwerpunkt auf Techniken demokratischer Kommunikation und Gesprächsführung, die oftmals auf Sprachspielen basieren und ihrerseits konzeptuelle Dialoge herausformen.

Die Texte auf den Seiten 3, 78, 84, 94, 95, 97 wurden in der Anthologie "Das Wort beim Wort nehmen – Konkrete und andere Spielformen der Poesie" (die horen), Wallstein Verlag, Göttingen 2018, erstveröffentlicht.

edition taberna kritika
Neuerscheinungen 2020/21

Hartmut Abendschein
Hartmann
ISBN 978-3-905846-63-8

René Luckhardt
Zwangsverwandtschaften
ISBN 978-3-905846-62-1

Christoph Simon
Die Dinge daheim
ISBN 978-3-905846-61-4

Tine Melzer
Ludwig & Gertrude
ISBN 978-3-905846-60-7

Brigitte Bättig (Hg.)
Merz Material
ISBN 978-3-905846-59-1

Julia Haenni
kiosktexte
ISBN 978-3-905846-58-4

Ausführliche Informationen über unsere Neuerscheinungen und das Gesamtprogramm finden Sie im Internet unter www.etkbooks.com

edition taberna kritika
Gutenbergstrasse 47
CH - 3011 Bern
Tel.: +41 (0) 77 425 2 180
info@etkbooks.com | http://www.etkbooks.com